Penispeter und Hodenhannes Teil 3 Die Erkenntnis – eine Frage des Charakters

Der schmale Grat zwischen Erfolg, Macht und Verführung

AF188588

„*Er hat so viel! Obwohl wir alles teilen.*"

„*Das schaffen wir auch!*"

Ilgen Spock

Penispeter und Hodenhannes Teil 3
Die Erkenntnis – eine Frage des Charakters

Der schmale Grat zwischen Erfolg, Macht und Verführung

Ilgen Spock

Die Deutsche Nationalbibliothek verzeichnet diese Publikation in der Deutschen Nationalbibliografie; detaillierte bibliografische Daten sind im Internet über http://dnb.dnb.de abrufbar.

© 2017 Ilgen Spock

Illustration: Ilgen Spock

Herstellung und Verlag: BoD – Books on Demand, Norderstedt

ISBN: 9-783-746-062-549

Inhaltsverzeichnis:

Seite 1:   der große Auftritt

Seite 5:   der erste Schritt

Seite 10:   Freiheit! – Und nun?

Seite 15:   Hodenhannes ist gefragt!

Seite 21:   Und die Penisse?

Seite 25:   die große List

Seite 30:   es geht los

Seite 36:   das böse Erwachen

Seite 42:   Der nächste Schritt des Hodenhannes.

Seite 48:   etwas ist anders

Seite 51:   die große Erkenntnis

DER GROSSE AUFTRITT

Die Menge ist aufgebracht. Eine Mischung aus Neugier und Zorn zeigt sich verbreitet. Hodenhannes ist schon ein bekannter Name. Doch der Respekt vor ihm kann schnell schwinden.
Mit seiner folgenden Rede lenkt er die Zukunft der Hoden. Rebellion oder Unterwürfigkeit? Das ist die Frage. Er stellt sich stolz in die Mitte der Bühne. Ein Lichtstrahl lässt ihn erhellen und seine Körperhaltung demonstriert Zuversicht und Entschlossenheit.

„Liebe Hoden! Wichtig, dass ihr da seid!
Ein neues Leben! Ihr seid bereit!
Ich geh in mich und denk zurück,
ich erzähls euch jetzt im kurzen Stück.

Mit Penispeter war ich einst Freund.
Gemeinsam haben wir nichts versäumt.
Wir erlebten einst so viel zusamm!
Was man als Team so alles kann.

Doch mit der Zeit bemerkte ich:
Es ging nicht einmal auch um mich.
Stehts war sein Begehren wichtig!
Das ärgerte mich damals richtig.
Doch interessiert hat es ihn nicht!
Er schürte Dunkel und kein Licht.

Ahnungslos sollte ich bleiben,
mich seinem Lebensziel verschreiben.
Doch es passierte irgendwann,
dass ich zu denken wohl begann.

Ich erkannte dann was er da tut
und erfasste meinen Mut.
Den Schurken hab ich abserviert
und mein Leben inspiriert.
Dieser Schritt hat gut getan!
Mein freies Leben so begann.

Dann sah ich voll Erschrockenheit,
dass all ihr Hoden arm dran seid!
Jeder Schwanz hat einen Sack,
behandelt den wie Lumpenpack.
Geht in euch und denkt zurück,
gefehlt hat euch jedwedes Glück.

Ich hab euch dann dort raus geholt,
hab eure Füße neu besohlt!
Ich hab euch alle wach gemacht!
„Unser Held!" habt ihr gedacht.

Die Schwänze waren dann schon schlau!
Wie man täuscht - sie wissens genau.
Mit Radioshows und Spielen dann,
da kriegten sie euch wieder dran.

Abgelenkt vom realen Leben
solltet ihr nach Fiktion streben.
Mit diesem Onlinespiel ha'm die's geschafft!
Und keiner von euch hat das gerafft.

Ihr habt euch dann sogar verstritten!
Freundschaft und Weisheit haben gelitten.
Unsere Einheit wurde tief gespalten.
Wie dumm war denn euer Verhalten!

Euer Leben habt ihr nach denen gerichtet!
Ja! Ich hab das dann vernichtet!
Das Spiel kaputt, die Show zerstört.
Merkt ihr wie ihr reagiert?
Wut und Hass machen sich breit.
Ihr lebt nur noch von Zorn und Streit.

Doch jetzt habt ihr die Chance zu handeln.
Lasst euch nicht von den verschandeln!
Was sie euch gaben; es war zur Sucht gedacht!
Zeigt ihnen, dass ihr drüber lacht.

Diese Scheinwelt machte Spaß.
Doch euer Leben! – Das ist doch was.
Weil es aus euch und euren Lieben besteht.
Und es nur einmal ist; und dann vergeht.

So schaltet endlich das Hirn ein!
Euer Leben muss auch euer sein!

Eure Freizeit lasst ihr nicht bestimmen!
Eignes Handeln muss beginnen.
Kein Schwanz sagt euch wo lang es geht!
Ich hoffe, dass ihr mich versteht.

Darum legt ab die Sucht nach Shows!
Was bringt euch diese Scheiße bloß?
Denkt nicht mehr an dieses Spiel!
Auch wenn es euch so sehr gefiel.

Wendet euch von diesem Unfug ab!
Ohne euch sind Schwänze schlapp!
Ausgenutzt! Das ist gewesen!
Selbst seid ihr doch so erlesen.

Darum bilden wir nun hier und heute
eine eigne starke Meute.
Wir sind die Hoden! Wir sind kein Dreck!
Wie fegen nun die Schwänze weg.
Die brauchen wir ganz sicher nicht!
Wir haben unser Lebenslicht!"

Die Menge tobt. Hodenhannes hat es tatsächlich geschafft die Hoden zu vereinen. Sie verspüren Kraft und Auftrieb. Jetzt ist es an der Zeit die Schnüre zu durchtrennen. Es ist Zeit für die Hoden die Verbindung zum Schwanz zu kappen. Ohne Hoden hat der Schwanz nichts was ihn zum Auferstehen bringt. Nur noch ein nutzloses Stück Fleisch soll er sein.

DER ERSTE SCHRITT

Bereits am nächsten Tag geht es los. Einige Hoden, sie sind noch voller Euphorie, können es kaum erwarten.
Da sind zum Beispiel die drei Putzhoden. Zu beneiden sind die nicht. Ihr Chef, der saubere Schwanz, lässt sie jeden morgen gegen vier Uhr aufstehen. Und dann schickt er sie zum putzen. Toiletten, Treppengänge, Duschräume, einfach alles was dazu gehört. Eine richtige Knochenarbeit ist das. Und wirklich nicht zu unterschätzen.
Die drei Putzhoden kennen es nicht anders. Tag für Tag stehen sie so zeitig auf und verrichten ihr Werk. Es ist alltäglich geworden. Und wofür? Der saubere Schwanz schreibt ordentlich Rechnung dafür und bekommt wirklich gutes Geld.
Natürlich bekommen die Putzhoden auch ihren Anteil. Aber der ist schwindend gering. Leben können sie davon kaum. Doch was sollen sie tun? Sie müssen ja putzen. Schließlich sind es Putzhoden!
Einer der Putzhoden hatte es einmal gewagt. Er fragte den sauberen Schwanz nach etwas mehr Geld. Doch die Antwort ist einfach nur nervig gewesen:
„Putzhoden zwei! Wenn sie wüssten unter welcher Kostenlast ich stehe! Es ist wirklich furchtbar. Werden sie nie Unternehmer, das rate ich ihnen. Ich würde es nicht noch einmal tun. Kalkulieren hier und umplanen dort. Dann noch diese Beschwerden. Beschwerden über

meine Mitarbeiter. Auch sie! Und ich muss so viel Steuern zahlen. Ich zeige ihnen demnächst mal die Betriebszahlen. Sie werden sich umschauen!"

Viel „bla bla" und sonst nichts. Natürlich haben die anderen Putzhoden keine Lust auf so eine dümmliche Antwort und fragen gar nicht erst. So geht das nun schon einige Jahre.

Doch die Putzhoden sind bei Hodenhannes' Ansprache gewesen! Ihnen ist die Arbeit jetzt egal. Es geht hierbei um sie selbst! Sie würden schon etwas anderes finden. Die Hoden helfen einander, daher haben sie keine Angst mehr.

Der saubere Schwanz möchte einen neuen Auftrag bekommen. Dafür steht er natürlich auch gern einmal zeitig auf. Mit den Putzhoden im Schlepptau, alle laufen in einer Reihe hinter ihm her, stellt er sich dem vielleicht neuen Auftraggeber vor.

Die beiden reden technisch und nehmen sich außerordentlich wichtig. Schritt für Schritt geht die Kolonne das Gebäude ab.

Irgendwann redet der Auftraggeber mal konkret über die Arbeitszeit:

„Drei Stunden!" fordert er.

Einer der Putzhoden entgegnet:

„Etwa pro Woche?"

Darauf der Auftraggeber:

„Nein! Natürlich pro Tag. Was glauben sie denn?"

Der Putzhoden schaut erschrocken:

„Wie bitte? Das ist ja noch mehr! Hören sie. Von täglicher Arbeit hat niemand etwas gesagt. Dafür sind wir zu alt. Soll die Jugend ran. Wir gehen!"
Die Putzhoden ziehen ab. Der saubere Schwanz schaut erschrocken. Damit hat er nun nicht gerechnet. Ist das wirklich passiert? Die Putzhoden feiern sich und diese Befreiung. Sie rufen sofort Hodenhannes an um zu berichten.

Schwanz Sport ist ein ganz großer Meister des Fußballs. Zumindest will er das den anderen andauernd vermitteln. Natürlich versucht er mit seinen Künsten auch immer wieder Frauen zu beeindrucken. Es sind nicht viele die auf diese Masche anspringen. Aber das macht nichts. Die wenigen die es mögen reichen für ein befriedigendes Leben aus.
Auch an diesem Tag steht wieder eine besondere Schönheit am Platz und schaut einfach zu. Wenn man ihr genau ins Gesicht sieht, dann weiß man nicht so recht was man denken soll. Diese Leere im Blick. Schaut sie den Spielern zu oder starrt sie einfach nur Löcher in die Luft? Arbeitet hinter den Augen eine Maschinerie aus Neuronen oder ist dort ein tiefes Nichts?
Schwanz Sport geht davon aus, dass sie halbwegs verarbeiten kann was sie sieht. So spricht er drei Ball-hoden an ob sie gegen ihn spielen. Er kennt sie flüchtig. Einer gegen drei? Das ist schon eine Herausforderung.

Da muss er etwas mogeln und sagt zu den Ballhoden: „Jungs! Ihr müsst mich gewinnen lassen. Ihr wisst, dass ich viel zu sagen habe hier im Verein. Wenn ihr nicht mitspielt dann sorge ich dafür, dass ihr nie wieder auf den Platz dürft. Guckt nicht so blöd und stellt euch einfach dumm an!"

Schwanz Sport zwinkert der Schönheit erst einmal zu. Bevor das Spiel startet muss er ihre Aufmerksamkeit wecken. Das ist besonders wichtig! Sie muss seinen Sieg von Beginn an verfolgen können.

Als sie das zwinkern nicht merkt ruft er sie laut. Wieder nichts. Schließlich wirft er den Ball direkt zu ihr, was sie dann bemerkt.

Er geht auf Nummer sicher und erklärt ihr was er vor hat. Sie macht nicht den Eindruck als würde es sich ihr vom Zusehen erschließen.

„Ich werde gegen die drei dort unten spielen und zwar ganz allein. Wer mehr Tore schießt gewinnt. Die sind gut, das weiß ich. Aber ich bin besser! Schaust du mir bitte zu?"

Diese plumpe Aufforderung kam super an. Ihre Aufmerksamkeit ist nun gänzlich auf Schwanz Sport und die Ballhoden gerichtet.

Schwanz Sport darf, da er allein ist, als erster den Ball bekommen. Die drei Ballhoden nehmen ihn nicht richtig ernst. Sie unterhalten sich. Schwanz Sport schießt ein Tor. … *„Seltsam!?"* denkt die Schönheit.

Die Ballhoden haben Anstoß und spielen den Ball direkt zu Schwanz Sport. Und wieder ignorieren sie das Spiel und Schwanz Sport kann direkt zum 2:0 aufstocken. Selbst die Schönheit ist verdutzt über die lasche Gegenwehr. *„Die sollen gut sein?"* denkt sie sich.

„Die können das doch überhaupt nicht!" Gelangweilt schaut sie auf ihre Nägel.

Doch jetzt? Die Ballhoden legen los. Schwanz Sport rennt nur noch dem Ball hinterher. Er sieht keinen Stich. 2:1 steht es! Die Ballhoden tricksen und schießen Traumtore. Fünf Minuten später steht es 8:2 für die Ballhoden.

Die Schönheit lacht und sagt:"Gegen die verlierst du so hoch? Du hast doch gesehen wie schlecht die sind. Du bist eine Pfeife!!!"

Die Ballhoden gehen zu Schwanz Sport und sagen: „So! Wir haben unseren Spint ausgeräumt. Wie schon von dir angedeutet: Wir sind ab jetzt nicht mehr da!"

Schwanz Sport schaut nur. Was soll er machen? Die Ballhoden betteln nicht um Zugehörigkeit. Es ist ihnen egal. Sie gehen, lachen und sind stolz.

So ergeht es vielen Penissen in diesen Tagen. Bloß-stellung durch die Hoden und keine Machthabe mehr. Damit können die überhaupt nicht umgehen. Die Hoden auf einmal voller Selbstvertrauen? Nicht mehr gefügig? Wie sollen die Penisse jetzt ernsthaft zu etwas kommen? Große Probleme kommen auf sie zu.

FREIHEIT! - UND NUN?

Für die Hoden ist es eine vollkommen neue Erfahrung.
Das kannten sie so überhaupt noch nicht. Aber es fühlt
sich gut an.
Zu Abend treffen sich Hodenhannes und einige Hoden
in der Bar. Hodenhannes ist stolz auf die Hoden und das
sagt er ihnen auch:

„Ihr seid ein großen Schritt gegangen.
Konntet so Freiheit erlangen.
Selbstbestimmung obendrein,
wertvoller kann kaum was sein.

Verstehts nicht falsch! Pflichten hat jeder!
Der eine früh, der andre später.
Im Leben gibt es immer Dinge
welche in eine Richtung zwinge.
Doch die Ursachen davon,
sie haben da bei euch begonn!
Meist entstehen sie aus Sachen,
die für euch selber Freude machen.

Doch die Herrschaft dieser Schwänze
hatte nichts Gutes in ihrer Gänze!
Das eine Ding das Freude macht.
Es ließ euch komplett außer Acht.

Noch mehr! Es gab dies nicht einmal.
Und so der Schwanz euch Freude stahl.

Ab jetzt wählt ihr euch selbst die Pflichten.
Müsst auf Freude nicht verzichten.
Ihr wählt allein was für euch gut ist,
dass ihr schöne Zeit nicht misst.

Doch wichtig dabei: Seid stehts bedacht!
Was ihr aus dieser Chance macht.
Die Verantwortung aus freier Wahl,
manchmal ist sie schon ne Qual.
Verschwendet euer Leben nicht!
Auf das Denken sollt man nie verzicht!"

Mit seinen mahnenden Worten hat Hodenhannes seinen Freunden und seinem Gefolge eine wichtige Botschaft gegeben.

Was er so nebenher in der Bar sagte verbreitet sich schnell unter den Hoden. Und das ist auch gut so. Jeder Hoden muss seinen Weg nun auch in die Hand nehmen. Das eigene Schicksaal steuern und versuchen Glück, Freude und Zuversicht zu empfinden.

Das ist nicht so einfach. Eine Unterhaltung zwischen zwei Hoden am nächsten Tag auf der Straße zeigt das Dilemma ganz deutlich:

Der Hodenmann:
„Grüß dich. Na! Hast du auch etwas Langeweile?"

Der andere Hodentyp:
„Ja, ein wenig. Nach dem Aufstehen hab ich erst einmal ordentlich gegessen und die Ruhe genossen."

Der Hodenmann:
„Ich auch. Halb elf war es glaube. Ich machte die Augen auf und tat etwas im Haushalt. Zumindest das was man im liegen so machen kann. Dann stand ich auf."

Der andere Hodentyp:
„Das machst du doch richtig. Kein Stress. Nach den wichtigsten morgendlichen Aufgaben hab ich Fernsehen geschaut. Es war ganz interessant gewesen."

Der Hodenmann:
„Ah! Ich auch. Was hast du denn gesehen?"

Der andere Hodentyp:
„Ich hab etwas… Da waren so Leute. Eine Doku über irgendein Land. Ich weiß nicht mehr genau."

Der Hodenmann:
„Ich habe diese Soap geschaut. Das war spannend. Dass es die Frau mit diesem Typen und auch dessen Bruder treibt. Wahnsinn! Damit habe ich nicht gerechnet."

Der andere Hodentyp:
„Ja. Das habe ich danach geschaut! Ich war sehr überrascht. Aber ein wenig vermutet habe ich es trotzdem. Mein kleiner Hodennachbar hat das auch gesehen. Der war überhaupt nicht überrascht, sagte er. Damit hatte er voll gerechnet!"

Der Hodenmann:
„Echt? Wahnsinn. Nicht schlecht. Davon konnte man eigentlich nicht ausgehen. Ein guter Beobachter!
Weißt du. Ich liebe meine Freizeit. So etwas hab ich früher kaum gesehen als ich mich um sein Wohlbefinden kümmern musste. Jetzt wo ich Zeit habe mich um mein Wohlbefinden zu kümmern, da nutze ich meine Möglichkeiten endlich!"

Der andere Hodentyp:
„Das hast du richtig erkannt. Nur als die Soap vorbei gewesen ist kam dann die Langeweile. Ich suchte und suchte. Leider habe ich überhaupt kein neues Programm gefunden. Nichts was mir gefallen würde."

Der Hodenmann:
„Ja. Mir ging es auch so. Aber ich musste sowieso einkaufen. Daher war es ganz gut so."

Als die beiden von Hodenhannes' mahnender Ansprache hören stimmen sie bereitwillig zu. Sie sehen sich an und die Blicke sagen es eindeutig:

„Genau. das stimmt! Freizeit und Leben sind kostbar!"
Der Weg der beiden trennt sich für diesen Tag wieder.
Das frühe Abendprogramm im Fernsehen beginnt nun
bald. Das darf nicht verpasst werden!

Hodenhannes beobachtet seine Hoden genau. Ihm fällt
auf, dass sich viele so verhalten wie der Hodenmann
und der andere Hodentyp.
„Das Problem. Es ist bekannt.
Freizeit wird so oft verbrannt!
So wie die Hoden machens viele gleich.
An Ideen arm, an Verschwendung reich.

Statt seiner selbst mal zu erkunden,
drehen sie einfach ihre Runden.
Die gleichen Runden, Tag für Tag.
Ablenkung und Verblödung – viel zu stark.

Die freie Zeit irgendwie mal nutzen!
Doch lieber das Gehirn verschmutzen.
Freunde treffen und Leben genießen!
Doch lieber seine Zeit vergießen.

So dümpeln die nun vor sich hin.
So macht das hier doch keinen Sinn!
Am Ende dann schauen sie sich um:
Mein Leben! Was ich tat war dumm.
Doch da am Ende wär es zu spät.
Weil das Leben schnell vergeht!"

HODENHANNES IST GEFRAGT!

Das beschäftigt Hodenhannes schon sehr. Jetzt stellt er sich nämlich eine wichtige Frage: „Sind die Hoden vorher besser dran gewesen?"
Da hatten sie wenigsten eine Aufgabe. Auch wenn es nur das Dienertun gewesen ist. Es war eine Aufgabe. Was jetzt passiert ist doch nur warten auf den Tod.

„Wenn jemand nun nicht weiß wo hin.
Wie gibt man ihm denn wieder Sinn?
Ist es dann gut wenn er nur dient?
Ein anderer seinen Weg schient?
Wenn jemand selbst nicht wirklich weiß:
„Wo lang geh ich, auf welchem Gleis?"

Sollt er dann Handlanger sein
und sich so sein Sinn verleihn?
Ein andrer diktiert da den Weg.
Besser als wenn alles steht.

So gibts zu tun, das Tag für Tag.
Man macht zwar was ein andrer mag.
Aber man macht! Der Unterschied.
Eben nur für so ein Glied.

Nein! Ein Fehler ist es so zu denken.
Seinen Willen zu beschränken.

Jeder muss es selbst bestimmen,
muss sich auf Stärke nur besinnen.

Die eigenen Intressen wahren.
Und nicht nur über andre klagen.
Nur so kann ein Leben sinnvoll sein.
Es kann sich selbst ein Sinn verleihn. "

Hodenhannes weiß, dass er noch einen weiten Weg vor sich hat. Den Hoden wurde immer gesagt was sie zu tun haben. Hodenhannes ging es einst nicht anders. Wie er damals bekamen auch sie immer Aufgaben diktiert und hatten somit zu tun. Zeit, in jener es nichts zu tun gab, war somit recht rar. Sie mussten sich nie Gedanken über eine Freizeitbeschäftigung machen.

Es ist wie in so mancher Ehe. Wohlgemerkt: manche(!) Ehe. Da gibt es solche Paare. Da diktiert ein Partner immer was gemacht wird. In welchen Urlaub es geht, welches Restaurant besucht werden soll und was in der gemeinsamen Zeit für diverse Unternehmungen stattfinden.

Irgendwann gibt der andere Partner auf. Er gewöhnt sich eben an diese Situation. Es hat eh keinen Sinn. Die eigenen Ideen spielen sowieso keine Rolle. Und so trottelt er gefügig hinterher und verlernt vollkommen eigene Impulse zu setzen.

Warum auch? Es ist ja sowieso alles Mist.

So geht es auch den Hoden. Sie haben verlernt sich Gedanken zu machen. Stattdessen verkümmern sie vor dem Fernseher und verblöden noch mehr. Verlernen komplett ihren eigenen Geist zu benutzen.

Doch Hodenhannes kann das nicht akzeptieren. Sie sind nicht so weit gegangen um nun so trostlos zu enden. Doch was kann er tun? Wie animiert er die Hoden wieder aktiv zu werden? Sich zu treffen und ihr Leben in die Hand zu nehmen? Hodenhannes muss handeln.

Er organisiert Veranstaltungen und Projekte. Damit versucht er die Hoden zusammenzuführen.
„Natürlich! Es ist doch klar.
Die Möglichkeiten sind auch da.
Ich biete denen vieles an.
Dass jeder etwas tuen kann.

Wer gern spielt und Kräfte misst.
Gegner täuscht mit einer List.
Natürlich braucht der Mannschaftsport!
Das machen wir hier gleich vor Ort.

Andere, sie wolln was schaffen.
Wollen auf ihre Leistung gaffen.
Manche Hoden ticken so.
Die stehen halt auf diese Show.
Sie müssen irgendetwas bauen.
Als Team! Mit stabilem Vertrauen.

Dann gibt es auch noch edle Leut.
Deren Haltung nun fast jeder scheut.
Helfen gern! Selbstlos wolln sie sein.
Sie können sich so Glück verleihn.
Für diese ganz besondren Hoden
hab ich den richtigen Nährboden.
Das Waldgebiet ganz nah gelegen,
man muss es hüten und auch pflegen.
Es bedarf dann nur System.
Schon könn die ihrem Drang nach gehn."

Hodenhannes ist einfach genial. Was er da tut ist natürlich erst einmal ein immenser Aufwand. Er hat sehr viel Arbeit damit. Aber der Weg ist richtig.
Ein paar der Hoden haben ihren Eigenantrieb noch nicht verloren. Zumindest nicht komplett. Sie können, allerdings benötigen sie trotzdem Anleitung, Hoden-hannes ganz gut unterstützen und zuarbeiten.

So gründet Hodenhannes zuerst einmal einen Verein. Natürlich widmet er sich dabei dem Fußball. Nicht alle Hoden mögen diesen Sport. Aber er findet noch immer den meisten Anklang. Die anderen werden sich dem sicherlich unterordnen.
Einer der Hodentypen hat früher in seiner Jugend leidenschaftlich gespielt. Er hat viel Ahnung von Training und Taktik. Ein straffer Zeitplan und gesunder Ehrgeiz schweißen die Gruppe zusammen. Bei ihm hat Hodenhannes keine Bedenken. Das wird laufen!

Dann überlegt Hodenhannes ein gemeinsames Projekt. Womit sich vielleicht auch etwas für die Gruppe verdienen lässt. Denn Geld muss schon rum kommen.

Er hat viele Hoden in seinem Bekanntenkreis. Handwerker, kreative Denker und gesunde kräftige Arbeiter. Natürlich muss er diese Stärken erst einmal wieder fördern. Aber das Potenzial ist vorhanden und die Facharbeiter sind zumindest verfügbar.
Die ewige Unterdrückung durch die Penisse hat selbst den besten Hoden zu einem leeren Sack gemacht. Doch Hodenhannes ist zuversichtlich. Das baut sich schnell wieder auf wenn erst einmal der Anfang gelegt ist.
Nach langen taktischen Gesprächen kommt die erleuchtende Idee. Eine Marktlücke haben sie quasi entdeckt. Sie wollen Shirts bedrucken und im Internet verkaufen. Hm... so neu ist das zwar nicht. Aber gut aufgebaut und organisiert kann man da schon was auf die Beine stellen. Die Idee muss eben nur herausstechen und wirklich besonders sein. Im ersten Schritt müssen sich die Hoden jetzt koordinieren und die Aufgaben sinnvoll verteilen.
So kümmern sich welche um die Rohlinge. Andere den Aufdruck und wieder andere um Lizenzfragen. Transport, Lieferanten und solche Dinge. Da kommt schon einiges zusammen. Aber bis auf Zeit und etwas Geld muss erst einmal nicht so viel investiert werden. Und das Engagement ist wirklich riesig.

Nachdem die Produktion und die Aufgaben erst einmal verteilt sind kümmert sich Hodenhannes nun um die anderen Hoden.

Die Charaktertypen die gern Gutes tun. Er gibt ihnen Bezugsquellen, Bücher und Kontakte damit diese sich organisieren können. Sie wollen Wildtiere im Wald mit Futter versorgen und verletzte Tiere wieder aufbauen. Daneben möchten sie sich um den Wald kümmern. Diesen Lebensraum der Tiere erhalten und pflegen.

Die Idee ist erst einmal sehr nobel. Aber die Umsetzung nicht einfach. Hier muss man Genehmigungen einholen, sich besonderes Wissen aneignen und Geduld mitbringen. Und zu Beginn ist es wirklich undankbar. Die Hoden fühlen sich bei jeder Behörde, bei jedem Versuch etwas zu besorgen wie ab gewatscht.

„Wer kümmert sich schon um so etwas!" wird ihnen sogar entgegnet. Doch das schweißt die Gruppe noch mehr zusammen. Sie wissen, dass es richtig ist was sie tun. Es dauert nicht lange und Hodenhannes muss sich kaum noch um diese Hoden kümmern. Sie lernen sich selbst zu helfen. Eins haben sie schnell verstanden. Für solche mitfühlenden Hoden gibt es kaum Platz. Keine Anlaufstelle um diese Tätigkeit zu strukturieren. Keine Beratungen um etwas „Know how" zu bekommen. Wahrscheinlich ist die Nachfrage nach solchen Beschäftigungen derart gering, dass sich so eine Unterstützung nicht lohnen würde.

Doch die Hoden sprühen besonders vor Ehrgeiz und gehen trotzdem ihren Weg.

UND DIE PENISSE?

Während die Hoden so langsam zu einer Funktion, zu einer Rolle in der Gemeinschaft, finden, sind die Penisse noch etwas konsterniert. Sie wurden im Stich gelassen. Jeder auf eine eigene besondere Art und Weise.
Egal wie es geschehen ist. Egal welche Rolle der Hoden in dem jeweiligen Leben des Schwanzes spielte, eines haben alle gemeinsam. Die Hoden haben sie nicht nur hängen lassen. Nein! Sie ließen sie richtig auflaufen! Sodass sie sich ziemlich gedemütigt fühlten und fühlen.

So etwas haben die Penisse noch nicht erlebt. Eigentlich liegt ihnen die Welt, zumindest die kleinen Säcke in dieser Welt, zu Füßen. Da gab es nie Probleme. Manchmal mussten die Penisse etwas Raffinesse zeigen weil die Hoden zu intelligent wurden. Aber das war eher selten und nicht mit diesem Aufstand jetzt zu vergleichen.

Für die Penisse brach eine Welt zusammen. Das zeigen die Aussagen von einigen ganz deutlich:
„Ich, ein großer Penistyp. Ohne Sack?! Ich habe seit dem kein einziges Weib mehr bekommen. Ich bin vollkommen leer. Bekomm nichts mehr auf die Reihe! Was ist denn das für ein Dasein?"

„Tja! Ich muss alles selbst machen! Auto waschen und meine Wohnung putzen. Ich weiß nicht wie das funktionieren soll. Mir fehlen meine Eier jetzt schon!"
„Hört zu! Von uns Schwanzköpfen bin ich wirklich der wenig schönerer. Etwas bucklig und krumm. Wahrlich kein attraktiver Hingucker. Neben diesem Sack sah ich trotzdem sehr gut aus! Das hat mir geholfen. Und nun? Mich schaut ja überhaupt keine Frau mehr an! Das sind Probleme!"

Penispeter hört sich das alles genau an. Er ist noch der Eheste der hier versucht etwas zu machen.
„Was seid ihr für jämmerliche Schwänze? Lasst uns handeln und schauen wie wir das wieder gerade biegen! Es kann doch kein Zufall sein, dass genau jetzt jedem Schwanz das gleiche passiert. Da steckt doch etwas dahinter. Das müssen wir rausfinden und unschädlich machen!"

Penispeter steckt nicht den Kopf in den Sand. Er will handeln! Er gehört noch zu den wenigen Schwänzen mit unabhängigem Selbstvertrauen. Auch er braucht seine Eier, sonst fehlt ihm der Mut. Aber er ist ehrgeizig genug sich um diese zu kümmern wenn es mal nicht läuft.
Penispeter geht nachdenklich durch die Straßen. Er versucht etwas unscheinbar zu wirken. Aber seine Größe macht es ihm nicht leicht. Der fällt schon auf. Er sieht einige Hoden und macht sich so seine Gedanken.

„Die wirken richtig ausgeglichen und scheinen sehr beschäftigt. Was machen diese Typen denn nur?
Hm...Die da gehen scheinbar zu irgendeinem Sport. Was soll denn das!?
Und was treiben die dort? Beide im Anzug. Richtig seriös sieht das aus.
Da ist Hodenhannes! Er schaut auch so glücklich aus. Diese Säcke ohne Schwanz? Das ist doch Unfug. Wie können die sich denn noch einen Sinn geben?"

Penispeter ist verwundert. Die Hoden scheinen sich selbst zu beschäftigen.
Sie sind nicht mehr die gewohnten Diener ohne eigene Ideen. Ganz im Gegenteil!

Was da geschieht hat tatsächlich Hand und Fuß.
„Das wirkt alles richtig organisiert. Jeder hat eine Aufgabe und diese scheint ihm auch noch Spaß zu machen!
Und sie machen das für sich! Kein Wunder, dass die nicht mehr zu uns wollen. Die haben tatsächlich entdeckt, dass es schöner ist im eigenen Interesse zu handeln anstatt zu dienen. Schöne Scheiße ist das! Wie bekommen wir die da nur wieder raus?
Und dann noch diese Typen dort. Was machen die im Wald? Die pflegen die Bäume und lassen Futter für Tiere dort? Was soll denn das bringen?"

Kurz darauf fahren zwei Hoden im Auto vorbei. Sie hätten Penispeter fast überrollt! Penispeter kann einen flüchtigen Blick ins Auto werfen. Ein verletztes Tier, ein Hase oder so etwas, liegt auf dem Rücksitz. Das versteht er überhaupt nicht.

„Die halten beim Tierarzt! Das kostet jede Menge Geld. Was läuft denn hier ab?

Jetzt kommt auch noch dieser Hodenhannes zu denen. Was macht der da? So etwas Aberwitziges. Er gibt denen Geld! Jetzt gehen noch andere Hoden hin. Die geben auch Geld!? Was soll denn das?"

Das ist nicht die Welt des Penispeter. Die helfen nur für das Wort: „Danke". Das kann er nicht verstehen. So etwas hat er seinem Hodenhannes damals nicht beigebracht.

„Ich habe genug gesehen! Was auch immer die hier abziehen. Hodenhannes hat seine Hände da im Spiel. Immer ist der vor Ort und der grinst am blödesten von denen. Und alle scheinen seine Nähe zu suchen.

Ich werde das mit den anderen Penissen bereden. Die Hoden werden sich noch umschauen!"

Penispeter geht zu seinen eierlosen Penissen zurück. Er wirkt geknickt. Aber er hat auch einen Einblick in das Geschehen bekommen. Hodenhannes scheint die Ursache zu sein... und auch die Lösung des Problems.

DIE GROßE LIST

Penispeter ruft seine Freunde zusammen. Es wird Zeit das Problem anzugehen.

„Meine lieben Freunde!
Ihr habt die letzten Tage und Wochen schlimme Dinge erfahren. Eure Hoden haben euch im Stich gelassen. Bloßstellung habt ihr teilweise sogar hinnehmen müssen! Und warum? Weil ihr den Hoden einen Sinn im Leben gegeben habt. Sie erhielten eine Aufgabe durch euch!
Und so haben sie es euch gedankt!?
Ich habe sie beobachtet. Ich habe gehofft, dass sie in Untätigkeit verkümmern und so irgendwann zu uns zurück kommen werden. Aber ich habe mich geirrt! Sie sind beschäftigt. Sie organisieren sich. Sie haben Aufgaben und sind glücklich dabei. Wir können das nicht aussitzen! Wir müssen dringend etwas unternehmen!"

Die anderen Penisse scheinen auch überrascht zu sein. Kaum einer hätte seinem Sack zugetraut, dass dieser sich um andere Aufgaben kümmert und sich selbst einen Sinn gibt. Die Verunsicherung unter den Penissen ist groß. Sie erkennen, dass die Hoden nicht mehr auf sie angewiesen sind.

So auch Karl von Schwanz.

„Ja. Ich habe meinen Hoden immer wieder gelobt. Ich habe versucht ihn gut zu behandeln. Aber trotzdem! Er hat sich abgewendet. Er hat nie Eigenantrieb und Selbstverantwortung gezeigt. Auf einmal soll er damit anfangen? Ich kann es schwer glauben."

Die Schwänze bereden und philosophieren über eine Lösung. Dann findet Penispeter den richtigen, zumindest für die Penisse richtigen, Ansatz.

„Ich habe genau beobachtet wie die ticken. Hodenhannes scheint überall seine Finger im Spiel zu haben. Er ist es! Er hilft den Hoden mit ihrer Unabhängigkeit!"

Einem der Schwänze leuchtet es noch immer nicht ein.

„Wie soll denn ein Hoden die ganzen anderen Säcke beschäftigen? Da muss er sich doch um jeden kümmern. Die Erklärung ist zu einfach!"

Penispeter erläutert weiter. Bis es auch der letzte Schwanz begreift.

„Er hat ihnen wahrscheinlich nur den Weg gegeben. Er ist nicht immer mit dabei. Ein Anstoß in die entsprechende Richtung, das Wecken von Elan und Zuversicht. Und das Gefühl der Selbstbestimmung. Da muss Hodenhannes nicht mehr viel machen. Die Hoden sind motivierter als sie es jemals gewesen sind.

Aber so ganz ohne Hodenhannes geht es eben auch nicht. Er scheint ihnen mit Rat und Tat zur Seite zu stehen. Und genau dort setzen wir an!"

Penispeter möchte Hodenhannes in die Dienste der Penisse stellen. Ihn bestechen oder ihn kaufen. Wenn Hodenhannes erst einmal die Befriedigung durch Reichtum erkennt, dann wird er sein Engagement über den Haufen werfen. So denkt Penispeter. Das hat bis jetzt auch immer geklappt, denn jeder ist käuflich. Die Frage ist nur der Preis.

Doch Karl von Schwanz kennt Hodenhannes ebenfalls. Er hat bedenken.
„Hodenhannes ist ein spezieller Fall. Wenn wir ihn direkt kontaktieren und vor die Wahl stellen besteht die Gefahr, dass er ablehnt oder hoch pokert. Natürlich wäre er schon käuflich, eben so wie jeder andere auch. Moral ist immer eine Frage des Preises.
Aber vielleicht haben wir auch die Möglichkeit eines sichereren Weges. Eine Variante bei welcher wir auch nicht so viel investieren müssen und er uns ganz sicher dient!"

Penispeter ist schon neugierig. Er wollte Hodenhannes einfach eine Summe an Geld aufdrücken und fertig. Er würde nicht jede Summe ablehnen. Doch Hodenhannes ist nicht blöd. Er könnte schnell seine Rolle und die Macht erkennen und sicherlich viel fordern.

Karl von Schwanz erklärt seine Einwände und hat eine Lösung.

„Das Problem dabei ist, dass er eventuell sein Ansehen vor den Hoden verliert wenn wir ihn schmieren. Deswegen wäre das sehr sehr teuer.

Stattdessen geben wir ihm Erfolg! Er denkt er hat es sich allein erarbeitet. Wir lassen ihn ein Auto gewinnen, er macht doch immer diese Gewinnspiele mit.

Ich habe außerdem Kontakte zu seiner Arbeit. Ich weiß einige Dinge über den Chef...der erfüllt mir schon meine Forderungen.

Und wir setzen paar schicke Weiber auf ihn an. Sodass er sich begehrt fühlt. Das zieht immer!"

Penispeter sieht noch nicht ganz den Sinn in der Sache. Die anderen Hoden werden ihn noch mehr bewundern und zu ihm aufschauen. Er wird so noch mehr zum Helden.

Karl von Schwanz lächelt und entgegnet:
„Genau das soll passieren. Er wird sich in seinem Ruhm so wohl fühlen, dass er ihn nicht mehr missen möchte.

Natürlich besitzt er dann viele Dinge die er nicht braucht. Aber wenn er sie einmal hat, dann wird er sie brauchen. So ist das immer!

Die Gier und das Verlangen nach Bestätigung sind doch bei jedem vorhanden. Und er wird denken, dass er sich das alles selbst erarbeitet hat. Mit Glück und Fleiß ist er dazu gekommen. Das macht ihn zufrieden und die anderen werden ihn noch mehr vergöttern. Er wird sich daran gewöhnen und es nicht mehr missen wollen!"

Penispeter versteht jetzt ganz genau.
„Und dann kommen wir auf den Plan. Wir stellen ihn vor die Wahl. Seine Erfolge und Errungenschaften können wir ihm wieder weg nehmen. Wenn wir es wünschen! Dann frisst er uns aus der Hand! Denn auf einmal würde sein Ansehen so tief fallen, dass er vielleicht sogar als Vorbild geschwächt wird!
Das kann er nicht riskieren. Und er will seinen neuen Lebensstandard sicherlich nicht wieder aufgeben."

Die Penisse feiern und sind stolz auf ihre List. Der Plan kann nicht schiefgehen. Sie werden Hodenhannes groß machen und haben so die Macht ihn wieder fallen zu lassen. Das könnte die ganze Gruppe der Hoden ins Chaos stürzen. Entweder gehorcht Hodenhannes den Weisungen der Schwänze und führt die Hoden wie sie es wünschen. Oder sie würden ihm alles wieder weg nehmen. Dann verliert er Ansehen und Bewunderung. Und die Hoden ihren Halt.
Hodenhannes könnte sich nur dagegen schützen indem er von Beginn an diese Erfolge ablehnt. Es gleich erkennt, dass da etwas faul ist. Oder dass er sich aus solchen Erfolgen von Beginn an nichts macht. Sie als marginal betrachtet. Doch ist er so einer List gewachsen? Die Penisse sehen da zumindest kaum eine Gefahr. Denn Mensch bleibt Mensch!

ES GEHT LOS

Natürlich müssen die Erfolge und Errungenschaften für Hodenhannes schrittweise kommen. Und er muss das Gefühl haben, dass er wirklich viel dafür gemacht hat. Nur so wird er diese Dinge als noch besonderer wertschätzen...und so noch mehr tun um diese nicht wieder zu verlieren.

Es ist früh am Montag. Hodenhannes macht sich für die Arbeit fertig. Er ist nicht wirklich erholt. Das Wochenende zuvor hatte er viel zu tun. Er muss für die anderen Hoden immer da sein, auch wenn er mehr eine unterstützende Rolle ausführt.

Er fährt zur Arbeit und beginnt seine normalen Aufgaben. Nichts ahnend wird er plötzlich ins Büro zitiert.

Sein Chef möchte einiges mit Hodenhannes bereden.

„Hodenhannes! Mir fällt schon seit langem ihre gute Arbeit auf. Sie gehören zu den Mitarbeitern die uns nach vorn bringen. Fast immer leisten sie mehr als gefordert wird. Auch ihren Kollegen ist das schon aufgefallen.

Zudem mag ich ihre vorbildliche Wirkung. Die anderen nehmen sich ein Beispiel an ihnen. Gut gelaunt und zuverlässig. Sie sind eine Bereicherung für das Team!"

Hodenhannes ist sehr positiv überrascht. Schließlich hat er durch seinen Lebensumbruch die Arbeit eher schleifen lassen. So dachte er zumindest.

„Dass sie das sehen ehrt mich sehr.
Auf Arbeit geb ich immer mehr!
Die Arbeit! Sie ist nun mal wichtig.
Darum arbeite ich richtig.
Ich fühl mich wohl. Es mach mir Spaß!
Dinge, die ich nie vergaß.
Ich strebe gern und lang nach oben.
Schön, dass sie mich dafür loben!"

„Hodenhannes. Setzen sie sich hin. Das hier ist weit mehr als nur ein Lob. Ich möchte ihnen eine Aufstockung geben und mehr Verantwortung! Das haben sie sich erarbeitet. Ich habe lange überlegt wen ich für die neue Stelle als Teilbereichsleiterassistent einsetze. Ihr Ehrgeiz und ihr tolles Auftreten haben mich überzeugt.
Es sind ihre Mühen sich immer wieder Wissen anzueignen und sich weiter zu verbessern. Das soll hiermit belohnt werden. Demnächst erfahren sie Genaueres!"

„Was sie da sagen. Es macht mich froh.
Und das sage ich jetzt nicht nur so.
Ich werde alles daran setzen
ihr Vertrauen nicht zu verletzen.
Ich werde noch viel besser sein.
Weil sie mir so viel Kraft verleihn!"

Hodenhannes ist glücklich und stolz über diese tolle Nachricht. Er geht zurück an seinen Arbeitsplatz. Mit einem breiten Grinsen erledigt er seine Aufgaben besser als je zuvor. Er arbeitet sogar die Pause durch.

„Jetzt muss ich wirklich tüchtig sein.
Bald bin ich Chef in dem Verein.
Sie werden mich genau betrachten.
Ab jetzt muss ich sehr auf mich achten. "

Hodenhannes' Arbeitstag ist nun vorbei und er geht zum Fußballverein der Hoden. Schon seit langem sieht der Rasen dort richtig schlecht aus. Viele Hoden haben sich schon die Beine darauf verknackst. Aber ein neuer Rasen ist richtig teuer. Und die Stadt genehmigt das Geld dafür nicht.

Im Verein gibt es auch einen Hodenmann der für bürokratische Sachen zuständig ist. Alle nennen ihn den Verwaltungshoden. Er ärgert sich schon seit einiger Zeit mit der Stadt herum.

Doch heute ist ein großer Tag! Zumindest könnte es einer werden. Denn er hat eine Einladung bekommen und darf vorsprechen. Sozusagen um sein Anliegen werben.

Hodenhannes freut sich über diese neue Information. Allerdings ist er vorsichtig. Denn das bedeutet noch lange keine Zusage.

Hodenhannes geht nach Hause und denkt an diesen Termin. Er ist sehr wichtig. Was soll der Verwaltungshoden sagen? Was wird gefragt?

Es ist der nächste Morgen. Hodenhannes schaut in seinen Email-Account.

Er traut seinen Augen nicht.
„ Was seh ich da! Das glaub ich nicht!
-Nochmal die Augen lang gewischt.-
Tatsächlich! Da stehts schwarz auf weiß.
Eine große Bestellung zum teuren Preis.

Die Shirts der Hoden wurden viel bestellt.
Zu einer Menge die das Herz erhellt!
Das Ziel fürs Jahr ist schon erfüllt.
Die Kasse vollkomm überquillt!
Zu rechnen war damit wohl nicht.
Doch Tüchtigkeit auch Erfolg verspricht!"

Hodenhannes geht gleich zu seinen Projekthoden und erzählt die neue Nachricht. Die Werbung hat gefruchtet! Das Produkt ist toll! Die Arbeit hat sich gelohnt.
„Meine Lieben! Lasst euch sagen.
Wir können alles, müssens nur wagen.
Was wir hier so schnell geschafft.
Mit Fleiß und Ehrgeiz. Und viel Kraft.
Das alles haben wir erreicht!
Der Erfolg wie einem Traum so gleicht."

Die Hoden wissen nun: Sie können alles erreichen. Nur Mut und Eigenantrieb müssen sie haben. Und Hodenhannes hat es schon immer gesagt.

Sie sind ihm so dankbar. Allein hätten sie nie den Mut gehabt so ein Projekt anzugehen. Zudem fehlte ihnen auch die Zeit. Sie waren ja immer mit ihrem Schwanz beschäftigt.

Es vergehen einige Tage. Hodenhannes ist noch immer sehr stolz.

Seine Wirkung auf die anderen hat sich geändert. Er ist nicht mehr nur der tolle Motivator und Rebell. Nein! Er hat jetzt auch dieses gewisse Vertrauen, dass er weiß was er macht. Er wirkt seriös und belesen.

Er kommt wieder zum Verein und der Verwaltungshoden rennt ihn fast um.

„Hodenhannes! Ich war bei der Stadt! Der neue Rasen! Alles genehmigt! Wir bekommen das Ding. Ich war sehr überzeugend haben die gesagt. Endlich mal ein Fußballer mit Hirn der sich ausdrücken kann.

Die waren so begeistert von mir! Ich muss gestehen. Ich habe mich danach sogar mit der Bearbeiterin getroffen. Sie war so angetan von meinem Auftreten, dass wir gleich im Bett gelandet sind.

Das habe ich dir zu verdanken. Früher hätte ich nie gedacht, dass ich so etwas bewegen kann. Dass ich überhaupt etwas erreichen kann. Du hast mir das Gegenteil gezeigt. Dafür möchte ich dir danken."

Hodenhannes ist gerührt über diese Worte. Sie sind eine Erfüllung. Solche Momente sind es die ihn bestätigen in dem was er tut.

Hodenhannes geht spazieren und ist voller Freude. Voller Glück über die ganzen Erfolge. Der neue Rasen, der neue Job und schließlich der Erfolg der Firma.

Er trifft die Hoden in der Natur. Die Hoden, welche sich der Tierpflege und dem Erhalt der Schönheit ihres Waldes verschrieben haben.

„Hodenhannes. Schön dich zu treffen. Es ist wundervoll hier. Die Tiere haben schon richtiges Vertrauen zu uns. Und weißt du noch? Wir haben eines zum Tierarzt gebracht. Glücklich und zufrieden konnten wir es gestern wieder in die Natur entlassen. Und ich habe es genau gesehen. Es hat uns dankbar angeschaut. Es hatte Liebe im Gesicht und hat sich einfach wohl gefühlt. Danke, dass du uns hierzu ermutigt hast!"

„Gern ist dieses doch geschehn.
Die Freude in den Augen. Ich kann sie sehn.
Euer Glück! Es ist so echt.
Ihr erfahrt es nur zu recht."

Da ist Hodenhannes gleich nochmals voller Glück über diesen Erfolg. Aber? Was ist hier genau der Erfolg? Dankbarkeit durch Lebewesen die Hilfe benötigen. Diese Gruppe von Hoden wirkte besonders erfüllt.

DAS BÖSE ERWACHEN

Es ist Wochenende und Hodenhannes möchte, dass alle Hoden voneinander erfahren. Sie sollen wissen, dass alle Hoden erfolgreich ihren Zielen nachgehen. Das wird die Gruppe und die Rebellion noch mehr bestärken.

Somit organisiert er für eine Woche später eine große Veranstaltung nur für die Hoden. Schön mit Getränken, Musik und viel Spaß werden die Hoden ihre Unabhängigkeit feiern. Und nebenbei natürlich auch auf die Beförderung von Hodenhannes anstoßen.

Die Woche vergeht. Die Hoden sind voller Euphorie und freuen sich schon riesig auf diese Party. Hodenhannes hat sich voll ins Zeug gelegt. Die Hoden sind untereinander auch sehr gut organisiert. So sorgen ein Teil für die Getränke und ein anderer für die Technik. Eine Hand wäscht die andere, so halten die Hoden zusammen.

Zur Begrüßung wird Hodenhannes einige Worte sagen.

„Meine Hoden! Schaut euch an.

Sagt mir! Was seht ihr dann?

Einen Sack der nichts kann?

Oder ein gestandnen Mann?

Ein Opfer und geplagt vom Leben?

Oder Erfolg in seinem Bestreben?

Ich sag euch was ihr stehen seht!
Stolz der niemals mehr vergeht!
In kurzer Zeit so viel geschaffen.
Die Penisse könn nur blöd gaffen!
Egal was ihr auch nur angeht.
Erfolg euch stets zur Seite steht.
Ob im Verein oder im Spiel.
In der Fabrik, ihr schafft so viel.

Am Ende seid ihr auch noch nicht.
Das Beste ist nicht mal in Sicht!
Am Anfang steht ihr gerade noch.
Ihr krabbelt jetzt erst aus dem Loch.
Was denkt ihr wo ihr später steht?
Wenn das alles so weiter geht.

Ich sag es euch mit Zuversicht:
Am Ende des Tunnels! - Großes Licht!
Haltet stetig eure Spur!
Erfolg ist nun eure Natur."

Der Applaus ist grenzenlos. Die Hoden sind glücklich
und wissen um ihre Stärke. Sie haben so viel erreicht
mit nur ein wenig Unterstützung. Das Selbstvertrauen
ist nicht zu bremsen.
Sie feiern bis in die Nacht und den nächsten Tag hinein.
Trotz der gelockerten Stimmung läuft alles gesittet ab.

Keine Rangelein oder grober Umgang untereinander.
Mit Respekt behandeln sich die Hoden.

Sie wissen, dass ihr Erfolg auch voneinander abhängt.
Keiner steht über dem anderen. Alle sind gleich wichtig.
Denn der Beitrag eines jeden ist auch für jeden essenziell.
Die Nacht neigt sich dem Ende und alle gehen nach Hause. Hodenhannes ist erst am nächsten Morgen in seinem Bett. So lange hat er schon ewig nicht mehr gefeiert. Sein Kopf tut weh und die Augen sind ganz klein. Aber so langsam findet er in den Schlaf.

Es ist direkt am folgenden Tag, so ungefähr gegen Mittag, da klingelt sein Handy.
„Hallo Hodenhannes. Wir treffen uns in zwei Stunden an der Kreuzung vor deiner Wohnung. Wenn du da bist wirst du mich erkennen."

Ehe Hodenhannes etwas sagen kann ist die Verbindung schon beendet.
„ Wer war das nur? Hab ich geträumt?
Hab ich irgendwas versäumt?
So komisch rief mich noch keiner an.
Da ist sicher was Faules dran!
Ich gehe dann natürlich hin.
Vielleicht ergibt es dadurch Sinn. "

Hodenhannes ist aufgeregt und wartet die Zeit ab. Sein Kopf wird langsam klarer und er kann wieder halbwegs strukturiert denken. Die Zeit naht und Hodenhannes geht zur Kreuzung.

Er wartet und schaut sich um. Etwa fünf Minuten später sieht er jemand die Straße rauf kommen. Es ist ein alter Bekannter: Penispeter.

Hodenhannes wirkt perplex. Aber er ist auch selbstbewusst, denn er hat mit seinen Hoden Erfolg. Und das kann ihm keiner nehmen. Im schlimmsten Fall kann ihn Penispeter beleidigen und irgendwie stumpf drohen. Im besten Fall bettelt Penispeter um Freundschaft. Eine Situation die sich Hodenhannes ins geheim ja so sehr wünscht. Er will ihn liebend gern noch einmal so richtig abservieren.

Penispeter stellt sich vor Hodenhannes hin. Sein Gesichtsausdruck wirkt extrem selbstsicher und irgendwie erhaben. Das verunsichert Hodenhannes schon etwas.

Penispeter kommt gleich auf den Punkt:
„Du bist erfolgreich, richtig? Neuer Job. Euer Verein läuft gut. Und die Firma erst! Wirklich sensationell. Ihr fühlt euch toll! Oder?"

„Natürlich! Ihr habt das nie gedacht!
Dass ein Hoden Erfolgreiches macht.
Doch ihr seht es ganz genau.
Wir brauchen euch nicht. Denn wir sind schlau!"

„Eh du weiter spinnst. Hör zu! Es war ein Montag, richtig? Deine Beförderung und die Einladung zum Gespräch wegen eurem kleinen unbedeutenden Rasen. Und der Dienstag danach! Eine Bestellung bei eurem Lumpenladen. So viel wurde noch nie geordert. Richtig?

Das hat euch Auftrieb gegeben. Es gab euch Kraft und Selbstvertrauen. Darauf habt ihr jetzt alles aufgebaut, richtig? Es ist euer Motor!

Geb jetzt acht! Es braucht nur einen Tag und ein paar Anrufe und alles ist wieder weg! Du verlierst deine Beförderung. Die Bestellung wird euch als Retour überhaupt nichts bringen. Und euer Rasen... Pah! Ihr werdet weiter auf dem Ackerplatz bleiben.

Das waren alles wir! Hörst du? Nichts davon ist real!"

Hodenhannes ist gebrochen. Er muss sich setzen. Nur gut, dass die anderen Hoden noch alle im Bett liegen und das keiner sieht. Gleich zwei Dinge machen ihm zu schaffen. Sein persönlicher Erfolg und das neue viele Geld. Alles futsch!? Alles weg. Keiner würde ihn mehr bewundern.

Damit könnte er vielleicht noch leben. Aber die anderen Hoden verlieren so ihr Vorbild! Hodenhannes ist sehr gewachsen in den Köpfen seines Gefolges, dass jetzt ein Fallen ungeahnte Folgen hätte. Es würde die Hoden vielleicht sogar vollkommen entmutigen.

„Ihr habt uns mit Erfolg gelockt.
Habt unsre Erwartung hoch gestockt.
Blind haben wir das geglaubt
und uns so der Freiheit klar beraubt.
Das Geld! Der Rasen! War es wichtig?
Vorher war es null und nichtig.
Doch einmal gehabt, wie freut man sich.
Ohne dem geht es dann nich.

Je mehr man hat, und das ist wahr.
Steigt die Abhängigkeit so klar.
Dinge waren einst so fern.
Jetzt sind sie der hellste Stern.

Den Hoden dieses jetzt zu nehmen.
Sie alle einen Schock bekämen.
Der Erfolg der letzten Zeit
wär mit einem Ruck so komplett breit.
Die Gruppe wäre tief zerstört.
Darum habt ihr uns genährt.
Einen Ausweg seh ich kaum.
Wie sollt ich das wieder aufbaun?

Und erst was ich hab! Alles weg?
Beginne wieder unten im Dreck?
Muss ich mir das echt antun?
Ich möchte mich auch mal ausruhn.
Penispeter! Sag es mir.
Warum das alles? Was wollt ihr?“

DER NÄCHSTE SCHRITT DES HODENHANNES.

„Hodenhannes! Wir wissen, dass die dich vergöttern. Und wir bieten dir noch mehr Ruhm an. Du darfst dich hin und wieder auf unsere Kosten feiern lassen. Richtig! Du wirst Chancen haben einen Schwanz zu beugen.

Das hat natürlich seinen Preis! Du machst was wir sagen. Natürlich verdeckt. Keine Angst. Du verlierst dein Ansehen nicht. Aber du wirst den Hoden eine Richtung geben die wir von dir fordern. Überleg es dir. Andernfalls fangt ihr morgen alle wieder von unten an. Und du wirst nie wieder dort stehen wo du jetzt stehst. Und obendrein. Unsere Bestellung. Du wirst so viele schlechte Bewertungen bekommen, dass euch nie wieder jemand anklickt. Das verspreche ich dir!
Du kannst dir das alles ersparen. Beuge dich uns!"

Jetzt läuft er dahin der Hodenhannes. Allein zieht er seine Spur durch die Straßen. Sein Blick zum Boden gesenkt. Sein Gesicht, es zeigt Leere und Kapitulation. Eine ausweglose Situation.
„Haben sie es so geschafft?
Uns mit dem Trick so abgestraft?
Ich fasse es nicht. Die Illusion.
Der Erfolg! Ich auf dem Thron.

Die Hoden! Dieser Stolz! So schön.
Wenn sie's erfahrn wird er weg gehen.
Noch schlimmer! Sie werden gebrochen!
Mitten in das Herz gestochen.
Die Blase platzt. Das Weltbild auch.
Sie wären ein blattleere Strauch.

Ists das wert? War es das schon?
Ist die Trauer dann der Lohn?
Antun kann ichs den Hoden nicht.
Es löscht ihr ganzes Lebenslicht.
Alles woran sie gerade glauben.
Ich würde es ihnen so rauben.

Und auch in meinem Interesse!
Ich bekomm ja auf die Fresse!
Der Job wär futsch und was ich bin.
Alles wäre einfach hin.

Ich werd es tun! Ja klar, ich muss.
Sonst wäre an der Stelle Schluss.
Ich spiele hier jetzt erstmal mit
und überleg den nächsten Schritt!"

Hodenhannes hat sich entschieden. Es dauert nicht lang und er bekommt sogleich die erste Weisung, durch einen Schwanz.

„Pass auf Hodenhannes! Die Hoden sollen den ersten Schritt wieder auf die Penisse zugehen. Den Kontakt

suchen und Hilfe anbieten! Wir brauchen ihre Dienste
wieder. Los!"

Mit dieser Forderung gehen die Penisse gleich mit
voller Front voran. Hodenhannes wird es den Hoden
verklickern müssen. Nebenbei hat er auf Arbeit noch
eine Bonuszahlung bekommen. So als kleiner Anreiz für
seine neue Aufgabe.

Er schickt allen Hoden eine Email. Persönlich in einer
Ansprache traut er sich nicht dieses zu verkünden. So ist
es eben einfacher.
„Liebe Hoden. Hört mich an.
Wir sind Ehrenmänner! Denkt daran!
Wir sind nicht wie die Schwänze sind.
So gemein und vor Hass blind.

Darum bitte ich euch nun,
lasst die Rebellion mal ruhn.
Geht zu den Schwänzen! Redet zu.
Sprecht ganz sachlich und mit Ruh.

Sagt ihnen dass ihr helfen wollt.
Aus freien Stücken, nicht weil ihrs sollt.
Ihr fragt euch sicher und mit Recht:
Meint der Hodenhannes das jetzt echt?

Ja! Denn friedlich! - Das sind wir.
Und das vertreten wir auch hier.

Sendet das Zeichen und ihr werdet sehn:
Die Feindschaft wird sogleich vergehn."

Die Hoden sind sichtlich verwirrt. Aber Hodenhannes ist nun mal ihr Idol. Und was er sagt hatte bis jetzt immer gefruchtet und es wird weiter fruchten. Da sind sich alle einig.
In den folgenden Tagen bahnt sich ein altes Bild an. Die Hoden gehen mit den Penissen durch die Straßen. Zwar etwas widerwillig. Nicht mehr so beugsam. Aber es richtet sich alles nach den Penissen.

Einige Hoden sind damit sehr unzufrieden. Eigentlich sind alle Hoden damit unzufrieden. Aber nur manche Hoden gehen tatsächlich auf die Barrikaden. Hoden-hannes muss beruhigen.
„Meine Lieben! Hört mich an.
Unser Erfolg! Er hängt daran.
Sicher! Wir sind da die Macher.
So etwas, das schafft kein Schwacher.
Doch das ist alles sehr verstrickt.
Es zu erklären ist verzwickt.
Es genügt wenn ich euch sage:
Der Erfolg braucht Penisplage!"

Hodenhannes konnte die Hoden erst einmal besänftigen. Doch dann! Einer der Hoden steht auf:
„Hallo. Ich bin der Naturhoden. Ich weiß nicht was ihr als Erfolg betrachtet. Ich habe erste gestern ein Tier

gesehen. Ein Tier das wir gerettet haben. Es rannte frei und gesund durch den Wald. Das ist unser Erfolg!
Ich brauche keinen Schwanz für meinen Erfolg. Und ich brauche keinen Zuspruch für mein Glück. Was ich brauche ist die Chance zu helfen! Und wenn ich dann Dankbarkeit erfahre, dann bin ich glücklich.
Und das kann ich nicht wenn ich diene. Und ich brauch dafür auch keine positiven Bewertungen, keinen Umsatz oder keinen Chef der mich geil findet. Macht was ihr wollt. Wir gehen!"

Die Hoden schauen sich an. Manche kommen ins grübeln. Hodenhannes ergreift sogleich das Wort. Er muss jetzt richtig gegensteuern. Wenn er seine Aufgabe nicht erfüllen kann ist alles verloren. Penispeter war da ganz deutlich in seiner Aussage:
„Durch Dankbarkeit das Glück erfahren?
Was ist denn das für ein Gebaren!
Lasst euch nicht sowas erzählen.
Erfolg! Das heißt: man muss sich quälen.
Was wollen die dann einmal machen?
Darüber sollte man nur lachen.
Kommt und kümmert euch um Geld.
Ich weiß wie euch sowas gefällt!"

Die Hoden sind skeptisch, stimmen aber zu.
„Die paar Spinner brauchen wir nicht. Lasst die Ökos im Wald verschwinden. Wir kümmern uns um den Erfolg und hören auf Hodenhannes!"

Auf einmal ist die Skepsis gegenüber Hodenhannes verschwunden. Die Hoden laufen zu ihren Schwänzen. Gewöhnen sich wieder an das alte Muster. Es ist nicht ganz wie früher. Aber bedeutend besser für die Penisse.

Es geschieht drei Tage später und im Internet taucht ein Video auf. Hodenhannes gerät auf der Straße mit einem Schwanz in Streit. Der Schwanz beleidigt nicht nur Hodenhannes. Er beleidigt auch dessen Mutter. Sie würde wohl den Kühen das Heu weg fressen. Daraufhin kann sich Hodenhannes nicht mehr halten. Er schlägt dem Schwanz so an seine Eichelrübe, dass dieser auf offener Straße nach hinten umkippt. Es wirkt ein wenig gekünstelt. Aber es macht die Säcke euphorisch!
Die Hoden sind jedenfalls begeistert.
„Unser Hodenhannes! Ein starker Mann!"
„Genau! Wir lassen uns nichts bieten!"
„Der hat Mut und Kraft!"

Hodenhannes ist populärer als jemals zuvor. Er genießt es mittlerweile so sehr, dass er kaum noch merkt wem er in Wahrheit dient. Die Hoden vertrauen ihm wieder blind und er animiert sie noch mehr den Penissen zu gefallen. Sie würden damit wohl zeigen, dass sie besser sind. Nach dem Motto: nur Idioten streiten.
Bis auf die kleine Randgruppe in der Natur, die vom Helfen und guten Taten glücklich ist, sind die Hoden schon fast wieder in Dienerschaft. Und Hodenhannes genießt ein Leben wie er es sich nie hat träumen lassen.

ETWAS IST ANDERS

Und genau das macht Hodenhannes zu so einem Vorbild. Diese Errungenschaften in seinem Leben. Sie waren sonst nur den Penissen vorbehalten. Derweil ist es genau das was Hodenhannes zum Sprachrohr der Penisse macht.

Die Penisse verspüren erst einmal wieder Zufriedenheit. Die Hoden sind nun wieder mit dabei, wenn auch noch nicht so regelmäßig. Aber das wird schon noch kommen.

Das Bild auf der Straße ähnelt den früheren Eindrücken vor der Rebellion. Die Hoden tapsen den Schwänzen hinterher. Sie wirken dienend und nicht wirklich erfüllt.

Manche Hoden werden stutzig. Sie reden schon!

„Wie hat es Hodenhannes zu so viel Erfolg geschafft? Wir unterstützen uns alle gegenseitig. Wer nimmt muss auch geben. Aber er hat so viel! Wie macht er das? Irgendwie betrügt er jemanden!"

Die Hoden stellen unangenehme Fragen. Hodenhannes genießt zwar hohes Ansehen. Jedoch dürfen nicht so viele Welten zwischen ihm und den Hoden liegen. Schließlich arbeiten alle immer zusammen.

Hodenhannes bleibt die Skepsis nicht verborgen.

Jetzt muss er etwas dazu sagen. Sonst könnte die Stimmung kippen.

„Liebe Hoden! Gebt nun acht!
Ich hab das schon eher gemacht.
Den Schritt im Leben ohne Schwanz zu gehn.
Viel länger tu ich auf eignen Beinen stehn.
So bin ich weiter schon als ihr es seid.
Bitte kommt jetzt nicht mit Neid!
Bleibt weiter dran und hört auf mich.
Der Erfolg lässt auch euch so nicht im Stich!"

Einige Hoden sind etwas skeptisch bei dieser Begründung. Aber sie können es auch nicht richtig belegen und erklären. Daher verschwindet dieser gefährliche Gedanke so langsam wieder aus den Köpfen.

Die Hoden vernachlässigen jetzt sogar ihre eigenen Projekte! Mal kommen sie zu spät und manchmal überhaupt nicht. Die Sucht nach dem selbst erschaffenen Erfolg nimmt immer mehr ab. Und das alles zu Gunsten der Penisse. Denn dort sind sie regelmäßiger. Sie sind eben auch fordernd und üben immer mehr Druck aus. So vereinnahmen die Penisse immer mehr die Zeit und den Willen der Hoden.

Doch etwas ist anders. Die Hoden dienen den Penissen zwar wieder. Aber irgendwie ist es nicht wie früher. Es fehlt der Elan, das Mitdenken, eben einfach das Engagement. Es wirkt mehr wie eine Pflichterfüllung.

Das machen sie ja wirklich gut. Sie tun eben das was der Schwanz fordert. Aber halt auch nicht mehr.
Beispielsweise verliert ein Schwanz sein Portmonee. Sein Hoden läuft hinterher. Er kickt zweimal dran und lässt es dann liegen. Der Kumpel vom Schwanz, sein Name ist Berthold Penis, sieht es und kommt hinterher gelaufen. Er gibt das Ding dem Schwanz zurück und erzählt, dass der Hoden damit gespielt hätte.

Auf die Frage warum er es nicht aufgehoben hat und dem Schwanz zurück gibt entgegnet der Hoden:
„Damit hast du mich nicht beauftragt! Ich sollte lediglich darauf achten, dass du beim Laufen keine O-Beine machst! Das hab ich getan!"

Die Hoden machen einfach nicht mehr als sie sollen. Da ist kein Antrieb dahinter. Kein Biss! Einfach nur „Dienst nach Vorschrift". Und so ist es bei allen. Die Persönlichkeit und der Wille sind nicht da.
Das missfällt den Penissen ziemlich. Wenn der Hoden nicht mitdenkt müssen sie ja trotzdem alles machen und ständig aufmerksam sein.
Es scheint als denken viele Hoden noch immer an die Errungenschaften des Hodenhannes. Was der alles hat und wie reich dieser ist. Den sieht keiner auf der Straße einem Schwanz hinterher laufen. Mittlerweile munkelt man sogar, dass er einen eigenen Schwanz bekommen hat.

DIE GROßE ERKENNTNIS

Hodenhannes genießt sein Dasein in vollen Zügen.
„Dass ich es mal bis hierher schaffe.
Von oben auf die Leute gaffe.
Das hatte ich so nie gedacht.
Ich liebe diese große Macht!
Sicher! Weisung gibt es auch für mich.
Doch wer dient noch mehr als ich?

Für einen Hoden bin ich gut gestellt.
Ein Leben welches mir gefällt.
Nur ab und an in der Fabrik
schau ich den Hoden übers Genick.
Sie lassen sich schon oftmals gehen.
So bleibt der Umsatz nicht bestehen.
Sie brauchen hin und wieder Druck.
Drum ich manchmal nach dem Rechten guck. "

Hodenhannes reicht das vollkommen! Das ist auch klar. So etwas hatte er noch nie gehabt. Doch die Penisse wünschen sich mehr Qualität des Dienertuns. Es muss echter wirken. Mehr Persönlichkeit und Willen wollen sie sehen.
Es geschieht nach ein paar Wochen. Heinrich Hoden und Eduard Penis ziehen durch die Straßen. Heinrich Hoden läuft natürlich im gleichbleibenden Abstand hinterher.

Eduard Penis denkt nach.

„Diese Stagnation! Der trottelt nur hinterher. Das ist doch für beide kein Leben. Das ist so unbefriedigend. Was kann ich nur machen? Ich habe solche Lust auf Veränderung!"

Eduard Penis ist ein besonderer Querdenker. Er hat ein Verlangen nach Veränderung und plant einen waghalsigen Schritt. Er will sehen was passiert. Und er hat ein Gewissen.

Eduard Penis zitiert Heinrich Hoden heran. Er erzählt ihm alles:
„Heinrich Hoden. Eure Rebellion! Sie war besonders! Sie hätte euch viel bringen können. Aber ihr hattet einen gewaltigen Fehler begangen. Hodenhannes war eure einzige Stärke gewesen. Mit ihm stand und fiel alles!

Ihr habt euch von einem Hodensack abhängig gemacht. Und das haben wir erkannt. Richtig! Wir Penisse wussten alles. Und Hodenhannes kannten wir natürlich besonders gut.
Wir haben ihn gekauft. Er hat alles von uns bekommen! Seinen Erfolg und seine Errungenschaften, alles gaben ihm die Penisse. Er wollte nicht ablehnen. Er hat es genommen und euch verraten. Er hat euch wieder in unsere Hände getrieben. Und wir haben euch zurück. Das ist die ganze Wahrheit!"

Eduard Penis fühlt sich seltsam. Was überkommt ihn da? Es ist... Befreiung! Die Wahrheit zu sagen war eine Erlösung für ihn.

Heinrich Hoden hingegen... Alles was er glaubte ist gebrochen. Sein Idol, es ist zerstört. Sein Vertrauen in Hodenhannes, es ist weg geblasen.

Seine Gedanken sagen alles.

„Was hör ich da nur? Das kann nicht sein. Alles umsonst gewesen!? Hodenhannes ein Verräter! Wem kann ich noch trauen? Der Verein geht den Bach runter. Die Firma spült alles in die Tasche von Hodenhannes. Ich habe alles verloren.

Und dieser Eduard Penis? Der hat Schuld! Er zerstörte es, mit seinen Freunden! Ich habe nichts. Und er hat so viel mehr. Er hat.... Was hat er?

Er hat einen Dienerhoden, der nur seine Pflicht erfüllt. Eine Pflicht, welcher er aufgrund einer Lüge nach-gekommen ist!"

Das ist Eduard Penis durchaus bewusst. Darum ist er ja nicht zufrieden! Er denkt ja ähnlich.

Eigentlich hat er fest damit gerechnet, dass Heinrich Hoden verschwindet. Doch das tut er nicht! Er bleibt.

Er bleibt und sagt etwas Überraschendes:

„Dass du mir die Wahrheit gesagt hast macht dich zum besten Freund den ich jemals hatte. Danke dafür! Ich stehe in deiner Schuld."

Eduard Penis ist verwundert und entgegnet mit stotternder Stimme:
„Du stehst nicht in meiner Schuld. Ich habe euch das genauso angetan. Ich habe die Situation verursacht!"

Heinrich Hoden ist sich dessen durchaus bewusst.
„Ich weiß! Aber du hast mit diesem Geständnis die Basis für ein richtiges Miteinander gelegt, nämlich Ehrlichkeit und Vertrauen.
Noch ewig wäre ich dir hinterher gelaufen. Hätt dir gedient aus freien Stücken. Doch du hast dies beendet! Und deine eigene Schandtat gestanden. Du hast Charakter und eine gute Seele."

Eduard Penis ist fassungslos. Er muss sich hinsetzen und antwortet mit tiefen Atemzügen.
„Dass du mir aus freiem Willen und eigener Über-zeugung verzeihst ist das Schönste was ich jemals erlebt habe. Bis jetzt habe ich mir immer durch Intrigen und Macht Freundschaften gesichert. Dass es anders geht wusste ich nicht.
Ich sah mich bis heute als erfüllt an. Doch was ich nun fühle ist neu. Das Richtige zu tun und dadurch etwas zu gewinnen ist besser als alles andere was ich bis jetzt erlebt habe."
Noch nie gingen Penis und Hoden nebeneinander. Es sieht ungewohnt aber zufrieden aus. Da scheint sich echte Freundschaft zu entwickeln.

Und siehe da. Heinrich Hoden gibt Eduard Penis sogar Tipps. Und das aus eigenem Antrieb und aus eigenem Willen. Ist das die Freundschaft wonach sich die Penisse sehnen?
Ein Umgang miteinander auf Augenhöhe. Ist das die simple Lösung? Vertrauen und Unterstützung durch Ehrlichkeit? Ist die Formel so leicht?

Beide kommen an eine Lichtung. Sie hören Geräusche. Eduard Penis wirkt etwas erschrocken.
„Was sind das für Stimmen? Wer läuft bei solchem Wetter durch die Büsche?"

Heinrich Hoden überlegt kurz.
„Ach! Ich weiß. Das sind solche komischen Hoden. Wir haben nicht mehr viel mit denen zu tun.
Bei unseren Treffen haben die sich eher abgewandt und ihr Ding gemacht."

Eduard Penis schaut fragend.
„Und was ist den ihr Ding? Durch den Wald laufen?"

Heinrich Hoden ist sich nicht so richtig sicher.
„Gute Frage! Lass uns hingehen und einfach schauen. Ich wollte die sowieso mal besuchen. Ich hab das ja auch noch nie so recht verstanden was hier geschieht."

Langsam tasten sie sich ran. Zuerst sehen sie eine große Futtergrippe. Darin sind irgendwelche Kerne und viel

Heu. Es ist schön überdacht und wirklich sehr niedlich gebaut. Alles aus Holz und bemerkenswerter Handarbeit.

Auf einmal ertönt ein lautes: „Halt! Was macht dieser Schwanz hier?".

Heinrich Hoden hat ganz vergessen, dass die Hoden hier nicht den Anweisungen von Hodenhannes gefolgt sind.

Heinrich Hoden versucht zu schlichten.

„Hört mich an! Er ist mein Freund. Nicht so wie ihr denkt. Er hat mir Dinge erzählt, das könnt ihr euch nicht vorstellen.

Setzt euch hin! Wir werden euch alles berichten."

Die Naturhoden hören den Ausführungen der beiden gespannt zu. Die Blicke Richtung Eduard Penis sind sehr unterschiedlich. Von verhasst bis zu dankend ist alles dabei. Nicht jeder erkennt sein Geständnis als gute Tat an. Zumindest nicht, dass es sein Handeln vor dieser Tat aufwiegen könne.

Die Hoden diskutieren. Sollen sie Eduard Penis weg schicken oder erst einmal da behalten? Diese Diskussion ist anders als die anderen Uneinigkeiten die es früher mal gab, so wie bei dem Onlinespiel zum Beispiel. Sie reden sachlich und respektvoll miteinander. Ohne Drohungen oder dergleichen.

Auf einmal kommt ein Reh zur Futterstelle. Es scheint kaum scheu zu sein und frisst. Alle schauen rüber. Sie sind beeindruckt und überrascht. Noch nie hatten sie so ein Tier derart nah und vertraut gesehen.

Heinrich Hoden schaut an den Fuß des Tieres.
„Seht mal! Es hat da eine Verletzung. Da steckt etwas drinnen!"

Ohne zu zögern geht Eduard Penis hin und schaut sich das an. Das Reh ist noch immer ruhig, als wüsste es um die guten Absichten der Gruppe und Eduard Penis.

Er kann helfen.
„Ich habe hier eine Zange und etwas Verbandmaterial in meiner Tasche. Könnt ihr mir das geben?"

Die anderen Hoden könnten auch helfen. Sie wissen was zu tun ist. Aber sie wollen beobachten.

Eduard Penis zieht den Schiefer raus und desinfiziert die Wunde. Das Tier hat Vertrauen zu ihm. Und Tiere sind da sehr wählerisch.
Eduard Penis und Heinrich Hoden arbeiten erstmals wie ein echtes Team zusammen. Vielleicht weil die Arbeit ehrenwert ist? Oder weil es keine Belohnung in Form von Geld oder Anerkennung geben wird?
Noch nie waren Schwanz und Hoden so eine funktionierende Einheit. Nur wenn die Stimmung entspannt und die Gedanken frei sind, dann harmonieren

beide wirklich richtig und sind zu solchen Leistungen fähig. Da kommt dann wirklich was Gutes raus.

Beide sind fertig. Das Tier schaut in die Gruppe. Es humpelt leicht. Aber es wird wieder gesund.

Heinrich Hoden spürt eine tiefe Erfüllung. Er versteht die Naturhoden jetzt viel besser. Und auch Eduard Penis hat noch nie eine derartige seelische Befriedigung gefühlt. Eine tolle Erfahrung für beide.

Glück erfahren durch Dankbarkeit. Dankbarkeit für uneigennütziges Helfen. Nicht für Geschenke, Reichtümer oder Anerkennung. Der Dankbarkeit zu dienen war und ist das Ziel dieser Gruppe.

Und diese Aufgabe hat die erste richtige Freundschaft zwischen einem Hoden und einem Schwanz geschaffen. Indem beide zusammenarbeiten um einem Dritten zu helfen. Einem Dritten der Hilfe gebraucht hat.

Bleibt nur zu hoffen, dass die beiden ihre Erfahrung nach außen tragen können. Das schaffen sie nicht durch Ansprachen oder durch Parolen. Das schaffen sie nur indem sie dieses Gefühl vermitteln. Denn dieses Gefühl der inneren Zufriedenheit über das was man tut kann man nicht beschreiben. Man muss es erfahren.

Und Hodenhannes? Er war der Held der alles ermöglicht hat. Er muss aus diesem Sumpf der Intrigen gerettet werden. Das werden die Hoden ihm schuldig sein.

Er ist ein Opfer der Rebellion.